El libro fácil de

cocina Vegetariana Ceto

Recetas vegetarianas sabrosas y fáciles de hacer para tu dieta ceto

TANIA TORRES GOMEZ

ÍNDICE DE CONTENIDOS

INTRODUCCIÓN

La dieta ceto vegetariana es la respuesta que muchas personas están buscando. Esta forma de comer es una solución sana y natural para perder peso. Un nuevo libro sobre la cocina cetogénica vegetariana ya ha cosechado muchas valoraciones favorables porque permite a cualquiera adoptar este estilo de vida y perder peso, mantener la mente despierta y sentirse bien con lo que come.

Entonces, ¿cuál es el problema de una dieta ceto vegetariana? Muchos veganos se sienten frustrados por no obtener suficiente proteína en sus dietas, pero una dieta vegetariana bien equilibrada y baja en carbohidratos puede proporcionar toda la proteína necesaria que necesitas, siempre y cuando cubras tus necesidades diarias de macronutrientes como los carbohidratos y las grasas.

La dieta ceto vegetariana no es para todo el mundo. Puede que no resulte atractiva para las personas que disfrutan del sabor de la carne, pero cualquiera puede incorporar al menos algunos de los principios de esta forma de comer a su propio estilo de vida. Es fácil encontrar recetas vegetarianas de ceto en Internet y en libros de cocina; sólo hay que saber qué ingredientes son aptos para la ceto y cuáles hay que evitar.

Algunos tipos de proteína, como el polvo de proteína de cáñamo orgánico que contiene el libro de cocina ceto vegetariana, son más limpios que otros.

Este libro le mostrará cómo lograr el equilibrio perfecto de proteínas, grasas y carbohidratos en su dieta para remodelar su cuerpo a cualquier edad.

Empezar una dieta ceto vegetariana no es difícil. Tienes que eliminar todos los carbohidratos, excepto las verduras, y luego calcular la cantidad de proteínas que necesitas comer cada día, así como la grasa necesaria para un cuerpo y un cerebro sanos. Aquí es donde entra en juego el Libro de Cocina Vegetariana Keto. Proporciona una fórmula sencilla que hace que este estilo de alimentación sea fácil de seguir, independientemente de su edad o estado de salud general. La fórmula está diseñada para proporcionar las cantidades de grasas, proteínas y carbohidratos que necesitas para tu peso corporal. Sólo tienes que mezclar los ingredientes y consumirlo como un batido de dieta ceto puro. Es muy sencillo.

La dieta cetogénica también puede ralentizar la progresión de la enfermedad de Alzheimer. Un estudio reciente demostró que la dieta cetogénica, cuando se combina con un aceite MCT (Triglicéridos de Cadena Media), podría mejorar la pérdida de peso y reducir la grasa corporal en ratones con la enfermedad de Alzheimer.

La dieta cetogénica también se utiliza como un tipo de terapia contra el cáncer porque ayuda a reducir la inflamación en el cuerpo. Ha demostrado ser eficaz contra el cáncer de mama, pero también puede ayudar a reducir los síntomas y los efectos secundarios de los tratamientos convencionales contra el cáncer, como la quimioterapia o la radioterapia.

Este libro contiene una serie de recetas que le muestran cómo preparar deliciosos platos veganos de todo el mundo, incluyendo interesantes ensaladas vegetarianas, pastas para untar, verduras salteadas, guisos y mucho más. El enfoque principal de este libro es cómo preparar comidas sin carne que sean irresistibles y deliciosas. Las recetas están dirigidas a cualquier persona que quiera perder peso o mantener su salud a cualquier edad (incluidas las personas mayores que puedan seguir una dieta vegana).

RECETAS PARA EL DESAYUNO

1. Tostadas de piña

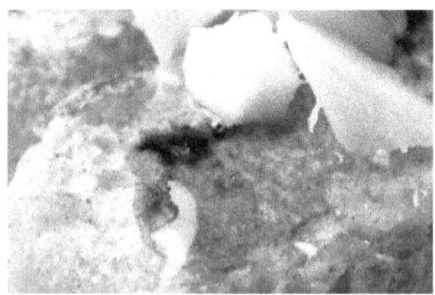

Tiempo de preparación: 5-15 minutos

Tiempo de cocción: 55 minutos

Porciones: 4

Ingredientes:

- 2 cucharadas de semillas de lino en polvo + 6 cucharadas de agua
- 1 ½ tazas de leche de almendras sin azúcar
- ½ taza de harina de almendra
- 2 cucharadas de sirope de arce puro + extra para rociar
- 2 pizcas de sal
- ½ cucharada de canela en polvo
- ½ cucharadita de ralladura de limón fresco
- 1 cucharada de zumo de piña fresco
- 8 rebanadas de pan integral

Direcciones:

1. Precaliente el horno a 400 F y engrase ligeramente una rejilla de tostado con aceite de oliva. Ponga a un lado.

2. En un bol mediano, mezclar el polvo de semillas de lino con el agua y dejar que se espese durante 5 a 10 minutos.

3. Batir la leche de almendras, la harina de almendras, el jarabe de arce, la sal, la canela en polvo, la ralladura de limón y el zumo de piña.

4. Sumergir el pan por ambos lados en la mezcla de leche de almendras y dejarlo reposar en un plato de 2 a 3 minutos.

5. Calentar una sartén grande a fuego medio y colocar el pan en la sartén. Cocinar hasta que se dore la parte inferior. Dar la vuelta al pan y seguir cocinando hasta que se dore por el otro lado, 4 minutos en total.

6. Pasar a un plato, rociar un poco de jarabe de arce por encima y servir inmediatamente.

Nutrición: Calorías 294 Grasas 4,7g Carbohidratos 52 0g Proteínas 11. 6g

2. Galletas de desayuno con queso de pimiento

Tiempo de preparación: 5-15 minutos

Tiempo de cocción: 30 minutos

Porciones: 4

Ingredientes:

- 2 tazas de harina de trigo integral
- 2 cucharaditas de polvo de hornear
- 1 cucharadita de sal
- ½ cucharadita de bicarbonato de sodio
- ½ cucharadita de ajo en polvo
- ¼ de cucharadita de pimienta negra
- ¼ de taza de mantequilla vegetal sin sal, fría y cortada en dados de 1/2 pulgada
- ¾ de taza de leche de coco
- 1 taza de queso de anacardo rallado
- 1 (4 oz) tarro de pimientos picados, bien escurridos
- 1 cucharada de mantequilla vegetal derretida sin sal

Direcciones:

1. Precalentar el horno a 450 F y forrar una bandeja para hornear con papel pergamino. Ponga a un lado. En un tazón mediano, mezcle la harina, el polvo de hornear, la sal, el bicarbonato de sodio, el ajo en polvo y la pimienta negra. Añadir la mantequilla fría con una batidora de mano hasta que la mezcla sea del tamaño de unos guisantes pequeños.

2. Verter ¾ de la leche de coco y seguir batiendo. Seguir añadiendo el resto de la leche de coco, una cucharada cada vez, hasta que se forme la masa.

3. Mezclar el queso de anacardo y los pimientos. (Si la masa está demasiado húmeda para manejarla, mezcle un poco más de harina hasta que sea manejable). Colocar la masa en una superficie ligeramente enharinada y aplanar la masa en un espesor de ½ pulgada.

4. Utilice un cortador redondo de 2 ½ pulgadas para cortar trozos de galletas de la masa. Reúna, vuelva a enrollar la masa una vez y continúe cortando galletas. Coloque las galletas en el molde preparado y unte la parte superior con la mantequilla derretida. Hornear durante 12-14 minutos, o hasta que las galletas estén doradas. Enfriar y servir.

Nutrición: Calorías 1009 Grasas 71,8g Carbohidratos 74 8g Proteínas 24. 5g

3. Yogur de nueces y bayas mixtas

Tiempo de preparación: 5-15 minutos

Tiempo de cocción: 10 minutos

Porciones: 4

Ingredientes:

- 4 tazas de leche de almendras Yogur sin lácteos, frío
- 2 cucharadas de jarabe de malta puro
- 2 tazas de bayas mixtas, cortadas por la mitad o picadas
- ¼ de taza de nueces tostadas picadas

Direcciones:

1. En un bol mediano, mezclar el yogur y el jarabe de malta hasta que estén bien combinados. Dividir la mezcla en 4 boles de desayuno.
2. Cubrir con las bayas y las nueces.
3. Disfruta inmediatamente.

Nutrición: Calorías 326 Grasas 14 3g Carbohidratos 38,3g Proteínas 12. 5g

4. Hash browns de coliflor y patata

Tiempo de preparación: 5-15 minutos

Tiempo de cocción: 35 minutos

Porciones: 4

Ingredientes:

- 3 cucharadas de semillas de lino en polvo + 9 cucharadas de agua
- 2 patatas grandes, peladas y ralladas
- 1 cabeza grande de coliflor, enjuagada y triturada
- ½ cebolla blanca rallada
- 1 cucharadita de sal
- 1 cucharada de pimienta negra
- 4 cucharadas de mantequilla vegetal, para freír

Direcciones:

1. En un bol mediano, mezclar el polvo de linaza y el agua. Dejar espesar durante 5 minutos para el huevo de lino.
2. Añadir las patatas, la coliflor, la cebolla, la sal y la pimienta negra al huevo de lino y mezclar hasta que esté bien combinado. Dejar reposar durante 5 minutos para que espese.
3. Trabajando por tandas, derrita 1 cucharada de mantequilla vegetal en una sartén antiadherente y añada 4 cucharadas de la mezcla de patatas fritas a la sartén. Asegúrese de que haya intervalos de 1 a 2 pulgadas entre cada cucharada.

4. Utilizar la cuchara para aplanar la masa y cocinar hasta que se compacte y se dore en la parte inferior, 2 minutos. Dar la vuelta a las patatas fritas y seguir cocinando durante 2 minutos o hasta que las verduras se cocinen y estén doradas. Pasarlas a un plato forrado con papel de cocina para que escurran la grasa.
5. Hacer el resto de las papas fritas con los ingredientes restantes.
6. Servir caliente.

Nutrición: Calorías 265 Grasas 11 9g Carbohidratos 36 7g Proteínas 5. 3g

5. Desayuno Pan Naan con mermelada de mango y azafrán

Tiempo de preparación: 5-15 minutos

Tiempo de cocción: 40 minutos

Porciones: 4

Ingredientes:

Para el pan naan:

- ¾ de taza de harina de almendra
- 1 cucharadita de sal + extra para espolvorear
- 1 cucharadita de polvo de hornear
- 1/3 de taza de aceite de oliva
- 2 tazas de agua hirviendo
- 2 cucharadas de mantequilla vegetal para freír
- Para la mermelada de mango y azafrán:
- 4 tazas de mango picado colmado
- 1 taza de jarabe de arce puro
- 1 limón, exprimido
- Una pizca de azafrán en polvo
- 1 cucharadita de cardamomo en polvo

Direcciones:

1. Para el pan naan:
2. En un bol grande, mezclar la harina de almendras, la sal y la levadura en polvo. Incorporar el aceite de oliva y el agua hirviendo hasta que se forme una masa suave y espesa. Dejar que la masa suba durante 5 minutos.

3. Formar de 6 a 8 bolas con la masa, colocar cada una en un papel de horno y aplanar la masa con las manos.
4. Trabajando por tandas, derretir la mantequilla vegetal en una sartén grande y freír la masa por ambos lados hasta que esté cuajada y dorada por cada lado, 4 minutos por pan. Pasar a un plato y reservar para servir.
5. Para la mermelada de mango y azafrán
6. Añadir los mangos, el sirope de arce, el zumo de limón y 3 cucharadas de agua en una olla mediana y cocinar a fuego medio hasta que hiervan, 5 minutos.
7. Mezclar el azafrán y el cardamomo en polvo y seguir cocinando a fuego lento hasta que los mangos se ablanden.
8. Triturar los mangos con el dorso de la cuchara hasta que quede bastante suave con pequeños trozos de mango en la mermelada.
9. Apagar el fuego y enfriar completamente. Coloque la mermelada en tarros esterilizados y sírvala con el pan naan.

Nutrición: Calorías 766 Grasas 42 7g Carbohidratos 93 8g Proteínas 7. 3g

RECETAS PARA EL ALMUERZO

6. Tarta de aguacate

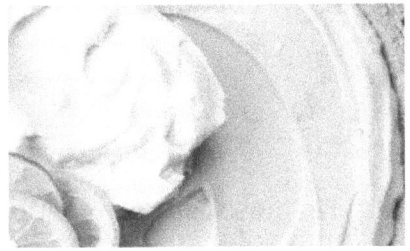

Tiempo de preparación: 15 minutos

Tiempo de cocción: 30 minutos

Porciones: 6

Ingredientes:

- 1 taza de harina de almendra
- ½ cucharadita de levadura en polvo
- 1 cucharadita de zumo de limón
- 1 cucharadita de pimienta negra molida
- 1 cucharada de aceite de oliva
- ¼ de taza de leche de almendras
- 1 aguacate picado
- 2 tallos de apio medianos
- ½ cebolla blanca picada
- 4 huevos, batidos

Direcciones:

1. En el procesador de alimentos mezcle la harina de almendras, la levadura en polvo, el zumo de limón, la

pimienta negra molida, el aceite de oliva y la leche de almendras.

2. Mezclar hasta obtener una bola de masa blanda.

3. Dejar reposar la bola de masa durante 10 minutos.

4. Mientras tanto, prepara el relleno: pica el tallo de apio y combínalo con el aguacate y la cebolla picada.

5. Cortar la masa en 2 partes.

6. Enrollar cada parte de la masa con la ayuda del rodillo.

7. Colocar la primera parte de la masa en el molde redondo.

8. Colocar el relleno sobre la masa.

9. Enrollar la segunda parte de la masa y cubrir el relleno.

10. Asegurar los bordes de la tarta con la ayuda del tenedor.

11. Pincelar la tarta con agua y llevarla al horno precalentado a 365F.

12. Cocinar la tarta durante 30 minutos o hasta que se dore.

13. Enfriar la tarta hasta que esté a temperatura ambiente.

Valor nutricional/porción: calorías 187, grasa 16,5, fibra 3,5, carbohidratos 6,4, proteínas 5,8

7. Nabo gratinado

Tiempo de preparación: 10 minutos

Tiempo de cocción: 25 minutos

Porciones: 6

Ingredientes:

- 1 cucharada de eneldo picado
- 10 oz de nabo, pelado y picado
- 1 diente de ajo picado
- 1 cebolla blanca, cortada en dados
- 1 taza de crema de leche
- 8 oz de queso Cheddar
- 1 cucharadita de pimienta blanca
- 1 cucharadita de aceite de oliva

Direcciones:

1. Untar la sartén para gratinar con aceite de oliva.
2. A continuación, mezcle el queso rallado y el eneldo picado.
3. Poner la capa de nabo picado en la sartén para gratinar y espolvorear por encima la cebolla y el ajo picados.
4. Añade la pimienta blanca y el queso.
5. Vierta la crema espesa sobre el gratinado.
6. Precalentar el horno a 365F.
7. Cocinar el gratinado durante 25 minutos.
8. Cuando el gratinado esté cocido, utiliza el soplete de cocina para hacer la corteza crujiente.

Valor nutricional/porción: calorías 251, grasa 20,8, fibra 1,4, carbohidratos 6,5, proteínas 10,6

8. Gnocchi

Tiempo de preparación: 10 minutos

Tiempo de cocción: 5 minutos

Raciones: 2

Ingredientes:

- 7 oz de mozzarella
- 2 yemas de huevo
- 1 cucharadita de perejil seco
- 1 cucharada de aceite de oliva

Direcciones:

1. Rallar el queso Mozzarella y ponerlo en el bol.
2. Derretir el queso en el microondas.
3. A continuación, se remueve constantemente y se añaden las yemas de huevo poco a poco.
4. Cuando la mezcla sea homogénea, añadir el perejil seco. Removerlo.
5. Haz los troncos largos con la mezcla de queso y córtalos en trozos de una pulgada.
6. Presionar cada trozo de queso con un tenedor suavemente.
7. Precalentar el aceite de oliva en la sartén.
8. Poner los trozos de queso en el aceite caliente y cocinarlos durante 30 segundos por cada lado o hasta que estén ligeramente dorados.

Valor nutricional/porción: calorías 394, grasa 29, fibra 0, carbohidratos 4,2, proteínas 30,7

9. Sopa de espinacas

Tiempo de preparación: 10 minutos

Tiempo de cocción: 10 minutos

Raciones: 2

Ingredientes:

- 1 ½ taza de leche entera
- 1 cebolla blanca, cortada en dados
- 1 cucharadita de copos de chile
- 1 cucharada de mostaza
- 1 cucharada de aceite de oliva
- 1 cucharadita de sal
- 1 taza de espinacas picadas
- ½ cucharadita de pimienta roja molida

Direcciones:

1. Precalentar bien la cacerola.
2. Vierta el aceite de oliva en el interior y añada la cebolla picada.
3. Empezar a cocinar la cebolla a fuego medio-alto.
4. Añadir las escamas de chile, la sal y la pimienta roja molida.
5. Cocer la cebolla durante 3 minutos.
6. A continuación, añada las espinacas picadas y ½ taza de leche.
7. Cerrar la tapa y cocinar durante 5 minutos.
8. A continuación, añada el resto de la leche entera y bata la mezcla para obtener una textura cremosa.
9. Hervir la sopa durante 2 minutos más.

10. Servir la sopa en los cuencos y añadir la mostaza.

Valor nutricional/porción: calorías 135, grasa 9,8, fibra 1,9, carbohidratos 10,3, proteínas 2,9

10. Pizza de berenjena

Tiempo de preparación: 10 minutos

Tiempo de cocción: 12 minutos

Raciones: 2

Ingredientes:

- 1 berenjena grande
- 1 tomate en rodajas
- 4 oz de Cheddar, rallado
- 2 cucharaditas de aceite de oliva
- ½ cucharadita de sal
- 2 cucharadas de aceitunas
- ¼ de cucharadita de albahaca seca

Direcciones:

1. Cortar la berenjena en rodajas gruesas.
2. Frote cada rebanada con sal y aceite de oliva.
3. Dejar las verduras durante 5 minutos.
4. Precalentar el horno a 365F.
5. Forrar la bandeja con papel de hornear.
6. Colocar las rodajas de berenjena en la bandeja.
7. A continuación, pon las rodajas de tomate sobre las berenjenas.
8. Espolvorearlas con albahaca seca.
9. Cortar las aceitunas en rodajas y ponerlas sobre los tomates.
10. Añade queso rallado.
11. Cocinar las pizzas de berenjena durante 12 minutos o hasta que estén ligeramente doradas.

Valor nutricional/porción: calorías 211, grasa 10, fibra 8,7, carbohidratos 16,3, proteínas 16,4

11. Falafel

Tiempo de preparación: 10 minutos

Tiempo de cocción: 10 minutos

Raciones: 2

Ingredientes:

- 1 huevo batido
- 8 oz de puré de coliflor
- 1 cucharadita de almendras molidas
- ¼ de cucharadita de comino molido
- ¼ de cucharadita de cilantro molido
- 1 cucharadita de pasta de tahina
- 1 cucharadita de aceite de oliva
- 1 cucharada de eneldo seco
- 1 cucharada de harina de almendra
- ½ cucharadita de ajo picado
- 1 cucharada de zumo de limón

Direcciones:

1. Combinar el puré de coliflor con el huevo batido.
2. Añadir las almendras molidas, el comino molido, el cilantro molido y el eneldo seco.
3. Después de esto, añadir el ajo picado y mezclar la mezcla hasta que sea homogénea.
4. Hacer las bolas medianas con la mezcla de coliflor y rebozarlas en la harina de almendras. Presionar el falafel suavemente.
5. Precalentar bien la sartén. Añadir aceite de oliva.

6. Ponga el falafel en la sartén y cocínelo durante 3 minutos por cada lado o hasta que se dore.
7. Mezclar el zumo de limón y la pasta de tahini.
8. Poner el falafel cocido en el plato y rociar con la salsa de tahina y limón.

Valor nutricional/porción: calorías 188, grasa 13,7, fibra 5, carbohidratos 11,3, proteínas 9,1

12. Tarta de calabacín y ricotta

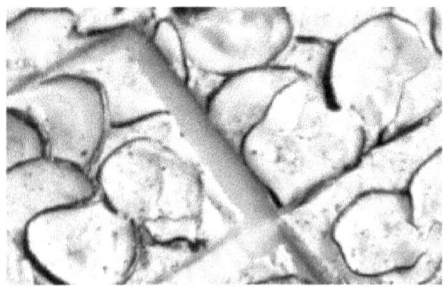

Tiempo de preparación: 25 minutos

Tiempo de cocción: aproximadamente 1 hora

Porción: 8 rebanadas

Ingredientes

Para la corteza:

- 1¾ tazas de harina de almendra
- 1 cucharada de harina de coco
- ½ cucharadita de ajo en polvo
- ¼ de cucharadita de sal
- ¼ de taza de mantequilla derretida

Para el relleno:

- 1 calabacín mediano-grande, cortado en rodajas finas en sentido transversal (utilice una mandolina si tiene una)
- ½ cucharadita de sal
- 8 onzas de ricotta
- 3 huevos grandes

- ¼ de taza de nata para montar
- 2 dientes de ajo picados
- 1 cucharadita de eneldo fresco picado
- Sal y pimienta adicionales al gusto
- ½ taza de parmesano rallado

Direcciones

Para hacer la corteza:

1. Precalentar el horno a 325°F.
2. Rocíe ligeramente un molde de tarta de cerámica o de vidrio de 9 pulgadas con aceite en aerosol.
3. Combinar la harina de almendras, la harina de coco, el ajo en polvo y la sal en un bol grande.
4. Añadir la mantequilla y remover hasta que la masa se asemeje a migas gruesas.
5. Presione la masa suavemente en el molde de la tarta, recortando el exceso.
6. Hornear 15 minutos y luego sacar del horno y dejar enfriar.

Para hacer el relleno:

1. Mientras se hornea la corteza, ponga las rodajas de calabacín en un colador y espolvoree cada capa con un poco de sal. Dejar reposar y escurrir durante 30 minutos.
2. Coloque los calabacines salados entre dos capas de papel de cocina y presione suavemente para eliminar el exceso de agua.

3. Ponga la ricotta, los huevos, la nata para montar, el ajo, el eneldo, la sal y la pimienta en un bol y remueva bien para combinarlos. Añade casi todas las rodajas de calabacín, reservando unas 25-30 para colocarlas encima.

4. Transfiera la mezcla a la corteza enfriada. Cubrir con las rodajas de calabacín restantes, superponiéndolas ligeramente.

5. Espolvorear con queso parmesano.

6. Hornee de 60 a 70 minutos o hasta que el centro ya no se tambalee y un palillo salga limpio.

7. Cortar en rodajas y servir.

Datos nutricionales Por porción (1 rebanada) Calorías: 302 Grasas totales: 25,2g Hidratos de carbono: 7,9g Fibra: 3,1g Proteínas: 12,4g

13. Fideos de berenjena con tofu de sésamo

Tiempo de preparación: 25 minutos

Tiempo de cocción: unos 20-22 minutos

Porción: 4

Ingredientes

- 1 libra de tofu firme
- 1 taza de cilantro picado
- 3 cucharadas de vinagre de arroz
- 4 cucharadas de aceite de sésamo tostado
- 2 dientes de ajo finamente picados
- 1 cucharadita de copos de pimienta roja triturados
- 2 cucharaditas de confitería Swerve
- 1 berenjena entera
- 1 cucharada de aceite de oliva
- Sal y pimienta al gusto
- ¼ de taza de semillas de sésamo
- ¼ de taza de salsa de soja

Direcciones

1. Precalentar el horno a 200°F.
2. Saque el bloque de tofu del envase. Envuelva el tofu en un paño de cocina o papel de cocina y coloque un objeto pesado encima, como una sartén o una lata (como alternativa, puede utilizar una prensa para tofu). Deje que el tofu se escurra durante al menos 15 minutos.

3. En un bol grande, añada ¼ de taza de cilantro, 3 cucharadas de vinagre de arroz, 2 cucharadas de aceite de sésamo tostado, el ajo picado, los copos de pimienta roja triturados y Swerve; bátalo todo.

4. Pele y corte la berenjena en juliana. Puedes cortarla en juliana a mano, o puedes utilizar una mandolina con un accesorio para cortar en juliana la berenjena en fideos finos.

5. Añada la berenjena en el bol con la marinada; remuévala para cubrirla.

6. Poner una sartén a fuego medio-bajo y añadir aceite de oliva. Una vez que el aceite esté caliente, añada la berenjena y cocínela hasta que se ablande. La berenjena absorberá todos los líquidos, así que si tiene problemas para que se pegue a la sartén, no dude en añadir un poco más de aceite de sésamo o de oliva. Sólo asegúrese de ajustar su seguimiento nutricional.

7. Apaga el horno. Añade el resto del cilantro a la berenjena y coloca los fideos en una fuente de horno. Cúbrelos con una tapa o papel de aluminio y métalos en el horno para mantenerlos calientes.

8. Vierta la grasa de la sartén y limpie la sartén con toallas de papel. Vuelva a ponerla en el fuego para que se caliente de nuevo.

9. Desenvuelve el tofu y córtalo en 8 rodajas. Esparza las semillas de sésamo en un plato grande. Presione ambos lados de cada rebanada de tofu en las semillas de sésamo para cubrirlas uniformemente. Pásalo a un plato.

10. Vierta 2 cucharadas de aceite de sésamo en la sartén.

11. Coloca las rodajas de tofu en una sola capa en la sartén y cocínalas a fuego medio-bajo durante unos 5 minutos o hasta que empiecen a estar crujientes. Con una espátula, dales la vuelta con cuidado y cocina unos 5 minutos por el otro lado.

12. Vierte ¼ de taza de salsa de soja en la sartén y cubre los trozos de tofu. Cocinar hasta que los trozos de tofu se vean dorados y caramelizados con la salsa de soja.

13. Para servir, sacar los fideos de berenjena del horno, repartirlos en los platos y colocar el tofu encima.

Información nutricional por ración (¼ de receta) Calorías: 293 Grasas totales: 24,4g Hidratos de carbono: 12,2g Fibra: 5,3g Proteínas: 11g

14. Quiche de queso sin corteza

Tiempo de preparación: 30 minutos

Tiempo de cocción: 1 hora

Porción: 6 rebanadas

Ingredientes

- 6 tomates Roma pequeños
- ½ taza de cebolla verde cortada en rodajas finas
- 6 huevos grandes, batidos
- ¼ de cucharadita de mezcla de hierbas italianas
- ½ cucharadita de condimento para espigas (opcional pero recomendado)
- ½ taza de mitad y mitad
- 1 taza de requesón
- 2 tazas de queso suizo rallado
- ¼ de taza de queso parmesano finamente rallado
- ¼ de taza de albahaca cortada en rodajas finas
- Sal y pimienta negra recién molida al gusto

Direcciones

1. Precaliente el horno a 350°F. Cubre un molde para tartas de vidrio o de loza de 9-10" con spray antiadherente.
2. Cortar 3 tomates Roma pequeños por la mitad a lo largo y sacar las semillas. Seque el interior con papel de cocina y pique los tomates.
3. Rompa los huevos en un bol grande, añada la mitad y la mitad, la mezcla de hierbas italianas, los

condimentos Spike, la sal y la pimienta. Bata hasta que se combinen.

4. Incorpore el requesón, el queso suizo, el queso parmesano, los tomates picados y la cebolla verde.

5. Verter en el molde preparado y hornear durante 30 minutos.

6. Mientras tanto, corte en rodajas finas los 3 tomates pequeños restantes y póngalos en un plato entre capas de papel de cocina. Presione suavemente para ayudar a sacar la humedad.

7. Transcurridos 30 minutos, retire la quiche del horno y distribuya los tomates en rodajas y la albahaca en rodajas por encima de la quiche.

8. Vuelva a meterlo en el horno y hornéelo 30 minutos más o un poco más si el centro no parece estar lo suficientemente cuajado.

9. Ponga el horno en el modo de asar y cocine durante uno o dos minutos hasta que se dore. Pero manténgase atento para que la albahaca no se queme.

10. Dejar reposar la quiche durante 5-10 minutos antes de cortarla.

11. Servir caliente o a temperatura ambiente.

Datos nutricionales por porción (1 rebanada) | Calorías: 301 | Grasas totales: 20g | Carbohidratos: 8g | Fibra: 1g | Proteínas: 23g | Azúcar: 4g

15. Hash Browns de colinabo

Tiempo de preparación: 20 minutos

Tiempo de cocción: 10 minutos

Porción: 6

Ingredientes

- 1 colinabo grande (aproximadamente 1 libra)
- ¼ de taza de queso parmesano finamente rallado
- 1½ cucharaditas de cebolla picada seca
- ½ cucharadita de sal marina
- ¼ de cucharadita de pimienta negra
- 3 cucharadas de aceite de aguacate (o su aceite preferido que tolere el calor)

Direcciones

1. Pelar la piel exterior del colinabo. Cortar en unos 8 trozos iguales.
2. Poner a hervir una olla mediana con agua salada. Añade los nabos pelados y picados y cuécelos a fuego medio-alto durante 10 minutos.
3. Poner los trozos de colinabo en un colador o en un escurridor y enjuagarlos bajo el chorro de agua fría y secarlos con unas toallas de papel.
4. Rallar los colinabos con un rallador o con un robot de cocina equipado con una cuchilla para rallar.
5. Añade el queso parmesano y la cebolla picada al colinabo rallado, sazona con sal y pimienta y mezcla para combinar.

6. Poner una sartén grande a fuego medio-bajo y añadir aproximadamente 1 cucharada de aceite. Una vez que el aceite esté caliente, añada el colinabo rallado y cocínelo, trabajando por tandas, hasta que esté crujiente y dorado por un lado, de 3 a 4 minutos. Si lo desea, presione suavemente la capa con una espátula. A continuación, utilice una espátula para dar la vuelta a los colinabos. Siga cocinando hasta que estén dorados por debajo, unos 3 minutos.
7. Servir inmediatamente.

Datos nutricionales Por porción (aproximadamente ½ taza) Calorías: 114 Grasas totales: 8g Hidratos de carbono: 7g Fibra: 2g Proteínas: 3g

16. Espaguetis al horno dos veces

Tiempo de preparación: 15 minutos

Tiempo de cocción: 55 minutos

Porción: 6

Ingredientes

- 2 libras de espaguetis
- 1 cucharada de aceite de oliva
- ¾ de taza de queso pecorino romano rallado (o parmesano)
- 1 taza de queso mozzarella rallado
- 1 cucharadita de cebolla en polvo
- 1 cucharada de mantequilla
- 2 cucharadas de hojas de tomillo fresco
- 3 dientes de ajo picados
- ½ cucharadita de sal
- ¼ de cucharadita de pimienta

Direcciones

1. Precalentar el horno a 400°F.
2. Utiliza un tenedor para hacer algunos agujeros alrededor de los espaguetis. Poner en el microondas y cocinar durante un minuto para ablandar un poco.
3. En una tabla de cortar, cortar el extremo de la calabaza y luego cortarla por la mitad a lo largo. Utilice una cuchara para raspar la pulpa y las semillas. Frote la superficie interior con aceite de oliva.
4. Coloque cada pieza de calabaza, con el lado cortado hacia abajo, en la bandeja para hornear.

5. Hornear 40-50 minutos o hasta que se haya ablandado con un tenedor.
6. Deje que se enfríe un poco y luego utilice un tenedor para retirar todas las hebras de espaguetis de calabaza en un bol para mezclar.
7. Poner el queso pecorino romano y el queso mozzarella en un plato pequeño y añadir la MITAD de la mezcla de queso al bol con la calabaza. Añada la mantequilla, el ajo picado, la cebolla en polvo, el tomillo fresco, la sal y la pimienta. Con un tenedor, aplaste y mezcle bien para combinar todo con la pulpa de la calabaza.
8. Vuelva a colocar esta mezcla de calabaza en las pieles en una bandeja para hornear.
9. Espolvorear la parte superior con el resto de la mezcla de queso y volver a meter en el horno. Asar 5-6 minutos o hasta que el queso se derrita y comience a dorarse.
10. Servir caliente.

Datos nutricionales Por porción (aproximadamente ½ taza) Calorías: 173 Grasas totales: 12g Hidratos de carbono: 10g Fibra: 2g

RECETAS PARA VEGANOS Y VERDURAS

17. Pimientos rellenos de atún

Tiempo de preparación: 10 minutos

Tiempo de cocción: 10 minutos

Porciones: 4

Ingredientes:

- 2 pimientos morrones, sin la parte superior, cortados por la mitad y sin semillas
- 1 cucharada de alcaparras picadas
- 2 cucharadas de puré de tomate
- 4 onzas de salmón cocido
- 1 cebolleta picada
- 1 tomate picado
- Pimienta negra al gusto

Direcciones:

1. Coloque las mitades de los pimientos en una bandeja para hornear forrada, colóquelas bajo la parrilla precalentada a fuego medio-alto, áselas durante 4 minutos y luego déjelas a un lado para que se enfríen.
2. Mientras tanto, en un bol, mezclar las alcaparras con el puré de tomate, el salmón, el tomate, la pimienta negra y la cebolleta y remover bien.

3. Rellene los pimientos con esta mezcla, colóquelos de nuevo bajo la parrilla precalentada y cocínelos durante 5 minutos.
4. Repartir en los platos y servir.
5. Que lo disfrutes.

Valor nutricional/porción: calorías 64, grasa 2, fibra 1,3, carbohidratos 6,2, proteínas 6,5

18. Pimientos rellenos de hígado

Tiempo de preparación: 10 minutos

Tiempo de cocción: 15 minutos

Porciones: 4

Ingredientes:

- 3 chalotas pequeñas, peladas y picadas
- 1 cebolla blanca picada
- ½ libra de hígados de pollo, picados
- 4 dientes de ajo picados
- 4 pimientos morrones, con la parte superior cortada y sin semillas
- Una pizca de sal marina
- Pimienta negra al gusto
- ½ cucharadita de ralladura de limón
- ¼ de cucharadita de tomillo picado
- ¼ de cucharadita de eneldo picado
- Un chorrito de aceite de oliva
- Un puñado de perejil picado

Direcciones:

1. Calentar una sartén a fuego medio, añadir las chalotas picadas y remover durante 5 minutos.
2. Añadir la cebolla y el ajo, remover y cocinar durante 2 minutos.
3. Añadir los hígados, una pizca de sal y pimienta negra, remover, cocinar durante 5 minutos y retirar del fuego.
4. Páselo a un procesador de alimentos, mézclelo bien, páselo a un bol y déjelo reposar durante 10 minutos.

5. Añade el tomillo, el aceite, el perejil, la ralladura de limón y el eneldo, remueve bien y rellena cada pimiento con esta mezcla.
6. Servir enseguida.
7. Que lo disfrutes.

Valor nutricional/porción: calorías 188, grasa 7,6, fibra 2,5, carbohidratos 15,6, proteínas 16,1

19. Berenjena al horno

Tiempo de preparación: 10 minutos

Tiempo de cocción: 30 minutos

Porciones: 3

Ingredientes:

- 2 berenjenas, cortadas en rodajas
- Una pizca de sal marina
- Pimienta negra al gusto
- 1 taza de almendras molidas
- 1 cucharadita de ajo picado
- 2 cucharaditas de aceite de oliva

Direcciones:

1. Engrasar una fuente de horno con un poco del aceite y disponer las rodajas de berenjena en ella.
2. Condimentarlas con una pizca de sal y un poco de pimienta negra y dejarlas reposar durante 10 minutos.
3. En un procesador de alimentos, mezcle las almendras con el resto del aceite, el ajo, una pizca de sal y pimienta negra y mezcle bien.
4. Extienda esto sobre las rodajas de berenjena, colóquelas en el horno a 425 grados F y hornéelas durante 30 minutos.
5. Repartir en los platos y servir.
6. Que lo disfrutes.

Valor nutricional/porción: calorías 303, grasa 19,6, fibra 16,9, carbohidratos 28,6, proteínas 10,3

20. Mezcla de berenjenas

Tiempo de preparación: 10 minutos

Tiempo de cocción: 40 minutos

Porciones: 3

Ingredientes:

- 5 berenjenas medianas, cortadas en rodajas
- 1 cucharadita de tomillo picado
- 2 cucharadas de vinagre balsámico
- 1 cucharadita de mostaza
- 2 dientes de ajo picados
- ½ taza de aceite de oliva
- Pimienta negra al gusto
- Una pizca de sal marina
- 1 cucharadita de jarabe de arce

Direcciones:

1. En un bol, mezclar el vinagre con el tomillo, la mostaza, el ajo, el aceite, la sal, la pimienta y el jarabe de arce y batir muy bien.
2. Coloque la berenjena redonda en una bandeja para hornear forrada, colóquela en el horno a 425 grados F y ásela durante 40 minutos.
3. Repartir las berenjenas en los platos y servir.
4. Que lo disfrutes.

Valor nutricional/porción: calorías 533, grasa 35,6, fibra 32,6, carbohidratos 56,5, proteínas 9,4

21. Cazuela de berenjenas

Tiempo de preparación: 10 minutos

Tiempo de cocción: 50 minutos

Porciones: 4

Ingredientes:

- 2 berenjenas, cortadas en rodajas
- 3 cucharadas de aceite de oliva
- 1 libra de carne de vacuno molida
- 1 diente de ajo picado
- ¾ de taza de salsa de tomate
- ½ manojo de albahaca picada
- Una pizca de sal marina
- Pimienta negra al gusto

Direcciones:

1. Caliente una sartén con 1 cucharada de aceite a fuego medio-alto, añada las rodajas de berenjena, cocínelas durante 5 minutos por cada lado, páselas a papel absorbente, escurra la grasa y déjelas aparte.
2. Calentar otra sartén con el resto del aceite a fuego medio-alto, añadir el ajo, remover y cocinar durante 1 minuto.
3. Añade la carne, remueve y cocina 5 minutos más.
4. Añadir la salsa de tomate, remover y cocinar durante 5 minutos más.
5. Añadir una pizca de sal marina y pimienta negra, remover, retirar del fuego y mezclar con la albahaca.

6. Colocar una capa de rodajas de berenjena en una fuente de horno, añadir una capa de mezcla de carne y repetir con el resto de las rodajas de berenjena y la carne.

7. Colocar en el horno a 350 grados F y hornear durante 30 minutos.

8. Dejar enfriar la cazuela de berenjenas, cortar en rodajas y servir.

9. Que lo disfrutes.

Valor nutricional/porción: calorías 382, grasa 18,2, fibra 10,4, carbohidratos 18,9, proteínas 37,8

PLATO LATERAL

22. Patatas fritas

Tiempo de preparación: 8 minutos

Tiempo de cocción: 15 minutos

Porciones: 5

Ingredientes:

- 3 tazas de Jicama frita
- 1 cucharadita de cebolla en polvo
- 1 cucharadita de ajo en polvo
- 1 cucharadita de cúrcuma
- 1 cucharadita de pimentón ahumado
- ½ cucharadita de sal
- 3 cucharadas de aceite de aguacate

Direcciones:

1. Coloque las papas fritas de Jicama en el tazón de la mezcla.
2. Añada la cebolla en polvo, el ajo en polvo, la cúrcuma y el pimentón ahumado.
3. A continuación, añada la sal y agite la mezcla hasta que sea homogénea.
4. Precalentar el horno a 365F.
5. Haz la capa de Jicama frita en la bandeja y rocía el aceite de aguacate. Utiliza 2 bandejas si es necesario.

6. Colocar la bandeja en el horno y hornear las patatas fritas durante 15 minutos o hasta que estén ligeramente doradas.

Valor nutricional/porción: calorías 45, grasa 1,2, fibra 4,2, carbohidratos 8,1, proteínas 0,9

23. Espinacas a la crema

Tiempo de preparación: 8 minutos

Tiempo de cocción: 15 minutos

Porciones: 4

Ingredientes:

- 3 tazas de espinacas
- 1 taza de crema de leche
- 1 cucharadita de sal
- ½ cucharadita de ajo picado
- 4 oz de queso Provolone

Direcciones:

1. Picar las espinacas y ponerlas en una cacerola.
2. Añadir sal y ajo picado.
3. Verter la nata espesa en las espinacas, remover suavemente, cerrar la tapa y cocer a fuego lento durante 10 minutos. Remover de vez en cuando.
4. Mientras tanto, desmenuza el queso.
5. Añadir el queso rallado en la cacerola y remover hasta que esté homogéneo.
6. Retirar la cacerola del fuego y dejarla reposar durante 5 minutos.

Valor nutricional/porción: calorías 209, grasa 18,7, fibra 0,5, carbohidratos 2,4, proteínas 8,5

24. Rábano de eneldo

Tiempo de preparación: 10 minutos

Tiempo de cocción: 15 minutos

Porciones: 4

Ingredientes:

- 2 tazas de rábano
- 1 cucharada de aceite de coco
- 1 cucharadita de sal
- ¼ de taza de leche de coco
- 2 cucharadas de eneldo seco

Direcciones:

1. Lavar y recortar el rábano.
2. A continuación, córtalas en mitades y espolvoréalas con sal, leche de coco, aceite de coco y eneldo seco.
3. Mezclar el rábano con cuidado.
4. Colocar el rábano en la bandeja en una sola capa.
5. Precalentar el horno a 350F y poner la bandeja dentro.
6. Cocinar el rábano durante 15 minutos o hasta que los bordes del rábano empiecen a estar ligeramente dorados.

Valor nutricional/porción: calorías 77, grasa 7,1, fibra 1,5, carbohidratos 3,7, proteínas 1

25. Arroz al curry

Tiempo de preparación: 5 minutos

Tiempo de cocción: 15 minutos

Raciones: 2

Ingredientes:

- 1 cucharada de pasta de curry
- ½ libra de coliflor, triturada
- 1 cucharadita de sal
- 1 cucharada de mantequilla de almendras
- 1 taza de agua

Direcciones:

1. Vierta agua en la cacerola.
2. Añade todos los ingredientes restantes y cierra la tapa.
3. Cocer el arroz durante 15 minutos.
4. A continuación, cuele el arroz y páselo a los cuencos de servicio.

Valor nutricional/porción: calorías 128, grasa 9, fibra 3,6, carbohidratos 9,6, proteínas 4,3

26. Alcachofas al ajillo

Tiempo de preparación: 5 minutos

Tiempo de cocción: 15 minutos

Raciones: 2

Ingredientes:

- 1 cucharadita de ajo picado
- 2 alcachofas recortadas
- ½ cucharadita de sal
- 1 cucharada de aceite de canola

Direcciones:

1. Frote las alcachofas con ajo picado, sal y aceite de canola.
2. Colocar las verduras en la sartén.
3. Transfiera el molde en el horno precalentado a 350F.
4. Cocine la guarnición durante 15 minutos. Las alcachofas cocidas deben estar tiernas pero no blandas.

Valor nutricional/porción: calorías 124, grasa 7,2, fibra 6,9, carbohidratos 14, proteínas 4,3

27. Fideos cremosos con chirivía y secado al sol

Tiempo de preparación: 35 minutos

Tiempo de cocción: 25 minutos

Porción: 4

Ingredientes:

- 3 cucharadas de mantequilla
- 1 libra de tofu, cortado en tiras
- Sal y pimienta negra al gusto
- 4 chirivías grandes, peladas y cortadas en C
- 1 taza de tomates secos en aceite, picados
- 4 dientes de ajo picados
- 1 ¼ de taza de crema de coco
- 1 taza de queso parmesano rallado
- ¼ de cucharadita de albahaca seca
- ¼ cucharadita de copos de chile rojo
- 2 cucharadas de perejil fresco picado para decorar

Direcciones:

1. Derrita una cucharada de mantequilla en una sartén grande, sazone el tofu con sal y pimienta negra y cocínelo en la mantequilla hasta que se dore y se cocine por dentro, de 8 a 10 minutos.

2. En otra sartén mediana, derrita la mantequilla restante y saltee las chirivías hasta que se ablanden, de 5 a 7 minutos. Reservar.
3. Incorpore los tomates secos y el ajo al tofu, y cocine hasta que estén fragantes, 1 minuto.
4. Reduce el fuego a bajo y añade la crema de coco y el queso parmesano. Cocine a fuego lento hasta que el queso se derrita. Sazone con la sal, la albahaca y las hojuelas de chile rojo.
5. Incorpore las chirivías hasta que estén bien cubiertas y cocine durante 2 minutos más.
6. Colocar la comida en los platos, decorar con el perejil y servir caliente.

Nutrición: Calorías: 224, Grasa total: 20,4 g, Grasa saturada: 12,2 g, Carbohidratos totales: 1 g, Fibra dietética: 0 g, Azúcar: 1 g, Proteínas: 9 g, Sodio: 556 mg

28. Keto Vegan Bacon Carbonara

Tiempo de preparación: 30 minutos + tiempo de enfriamiento durante la noche

Tiempo de cocción: 45 minutos

Tamaño de la porción: 4

Ingredientes:

Para la pasta keto:

- 1 taza de queso mozzarella rallado
- 1 yema de huevo grande

Para la carbonara:

- 4 rebanadas de tocino vegano, picadas
- 1¼ tazas de crema batida de coco
- ¼ de taza de mayonesa
- Sal y pimienta negra al gusto
- 4 yemas de huevo
- 1 taza de queso parmesano rallado + más para decorar

Direcciones:

Para la pasta:

1. Vierta el queso en un recipiente mediano para microondas y derrítalo en el microondas durante 35 minutos o hasta que se derrita.
2. Sacar el bol y dejar que se enfríe durante 1 minuto sólo para calentar el queso pero sin que se enfríe del todo. Mezclar la yema de huevo hasta que esté bien combinada.

3. Coloque un papel de pergamino en una superficie plana, vierta la mezcla de queso encima y cubra con otro papel de pergamino. Con un rodillo, aplane la masa hasta obtener un grosor de 1/8 de pulgada.

4. Quitar el papel de pergamino y cortar la masa en finas tiras de espaguetis. Colocar en un bol y refrigerar durante la noche.

5. Cuando esté listo para cocinar, ponga 2 tazas de agua a hervir en una cacerola mediana y añada la pasta.

6. Cocer de 40 segundos a 1 minuto y escurrir en un colador. Deja correr agua fría sobre la pasta y resérvala para que se enfríe.

Para la carbonara:

1. Añade el bacon vegano a una sartén mediana y cocínalo a fuego medio hasta que esté crujiente, 5 minutos. Reservar.

2. Vierta la crema batida de coco en una olla grande y déjela cocer a fuego lento de 3 a 5 minutos.

3. Bata la mayonesa y sazone con la sal y la pimienta negra. Cocinar durante 1 minuto y verter 2 cucharadas de la mezcla en un bol mediano. Dejar enfriar y mezclar con las yemas de huevo.

4. Vierta la mezcla en la olla y mézclela rápidamente hasta que esté bien combinada. Incorpore el queso parmesano para que se derrita y añada la pasta.

5. Colocar la mezcla en cuencos para servir y decorar con más queso parmesano. Cocine durante 1 minuto para calentar la pasta.

6. Servir inmediatamente.

Nutrición: Calorías: 456, Grasa total: 38,2 g, Grasa saturada: 14,7 g, Carbohidratos totales: 13 g, Fibra dietética: 3 g, Azúcar: 8 g, Proteínas: 16 g, Sodio: 604 mg

29. Seitan Lo Mein

Tiempo de preparación: 25 minutos + tiempo de enfriamiento

Tiempo de cocción: 50 minutos

Tamaño de la porción: 4

Ingredientes:

Para la pasta keto:

- 1 taza de queso mozzarella rallado
- 1 yema de huevo

Para el seitán y las verduras:

- 1 cucharada de aceite de sésamo
- 3 seitán, cortado en tiras de ¼ de pulgada
- Sal y pimienta negra al gusto
- 1 pimiento rojo sin pepitas y cortado en rodajas finas
- 1 pimiento amarillo sin pepitas y cortado en rodajas finas
- 1 taza de judías verdes, recortadas y cortadas por la mitad
- 1 diente de ajo picado
- Un trozo de jengibre de una pulgada, pelado y rallado
- 4 cebollas verdes picadas

- 1 cucharadita de semillas de sésamo tostadas para decorar

Para la salsa:

- 3 cucharadas de aminos de coco
- 2 cucharaditas de aceite de sésamo
- 2 cucharaditas de jarabe de arce sin azúcar
- 1 cucharadita de pasta de jengibre fresco

Direcciones:

Para la pasta:

1. Vierta el queso en un recipiente mediano para microondas y derrítalo en el microondas durante 35 minutos o hasta que se derrita.
2. Sacar el bol y dejar que se enfríe durante 1 minuto sólo para calentar el queso pero sin que se enfríe del todo. Mezclar la yema de huevo hasta que esté bien combinada.
3. Coloque un papel de pergamino en una superficie plana, vierta la mezcla de queso encima y cubra con otro papel de pergamino. Con un rodillo, aplane la masa hasta obtener un grosor de 1/8 de pulgada.
4. Quitar el papel de pergamino y cortar la masa en finas tiras de espaguetis. Colocar en un bol y refrigerar durante la noche.
5. Cuando esté listo para cocinar, ponga 2 tazas de agua a hervir en una cacerola mediana y añada la pasta. Cocer de 40 segundos a 1 minuto y escurrir en un colador.

Deja correr el agua fría sobre la pasta y apártala para que se enfríe.

6. Para el seitán y las verduras:
7. Calentar el aceite de sésamo en una sartén grande, sazonar el seitán con sal y pimienta negra y dorarlo en el aceite por ambos lados hasta que se dore, 5 minutos. Pasar a un plato y reservar.
8. Incorpore los pimientos, las judías verdes y cocine hasta que suden, 3 minutos. Incorpore el ajo, el jengibre, las cebollas verdes y cocine hasta que estén fragantes, 1 minuto.
9. Añadir el seitán y la pasta a la sartén y mezclar bien.
10. En un bol pequeño, mezcle los ingredientes de la salsa: los aminos de coco, el aceite de sésamo, el jarabe de arce y la pasta de jengibre.
11. Vierta la mezcla sobre la mezcla de seitán y mezcle bien; cocine durante 1 minuto.
12. Colocar la comida en los platos y decorar con las semillas de sésamo. Servir caliente.

Nutrición: Calorías:273, Grasa total:20g, Grasa saturada:11,6g, Carbohidratos totales:6g, Fibra dietética:1g, Azúcar:4g, Proteínas:17g, Sodio:931mg

30. Pasta y queso con setas

Tiempo de preparación: 1 hora y 45 minutos + tiempo de enfriamiento

Tiempo de cocción: 1 hora y 10 minutos

Tamaño de la porción: 4

Ingredientes:

Para los macarrones keto:

- 1 taza de queso mozzarella rallado
- 1 yema de huevo

Para los macarrones con queso de setas:

- 2 cucharadas de aceite de oliva
- 1 libra de setas
- Sal y pimienta negra al gusto
- 1 cucharadita de tomillo seco
- 1 taza de caldo de verduras
- 2 cucharadas de mantequilla
- 2 chalotas medianas, picadas
- 2 dientes de ajo picados
- 1 taza de agua
- 1 taza de queso cheddar rallado
- 4 oz de queso crema sin leche, a temperatura ambiente
- 1 taza de crema de coco
- ½ cucharadita de pimienta blanca
- ½ cucharadita de nuez moscada en polvo
- 2 cucharadas de perejil picado

Direcciones:

Para los macarrones keto:

1. Vierta el queso en un recipiente mediano para microondas y derrítalo en el microondas durante 35 minutos o hasta que se derrita.
2. Sacar el bol y dejar que se enfríe durante 1 minuto sólo para calentar el queso pero sin que se enfríe del todo. Mezclar la yema de huevo hasta que esté bien combinada.
3. Coloque un papel de pergamino en una superficie plana, vierta la mezcla de queso encima y cubra con otro papel de pergamino. Con un rodillo, aplane la masa hasta obtener un grosor de 1/8 de pulgada.
4. Quitar el papel de pergamino y cortar la masa en pequeños cubos del tamaño de los macarrones. Colócalos en un bol y refrigéralos toda la noche.
5. Cuando esté listo para cocinar, ponga 2 tazas de agua a hervir en una cacerola mediana y añada los macarrones keto. Cocer de 40 segundos a 1 minuto y escurrir en un colador. Deje correr el agua fría sobre la pasta y apártela para que se enfríe.

Para los macarrones con setas:

6. Calentar el aceite de oliva en una olla grande, sazonar los champiñones con sal, pimienta negra y tomillo, y dorarlos en el aceite por ambos lados. Verter el caldo de verduras, tapar y cocinar a fuego lento durante 15 minutos o hasta que se ablande. Cuando esté listo, saque el champiñón a un plato y resérvelo.
7. Precalentar el horno a 380 F.

8. Derrita la mantequilla en una sartén grande y saltee las chalotas hasta que se ablanden. Incorpore el ajo y cocine hasta que esté fragante, 30 segundos.

9. Vierta el agua para desglasar la olla y, a continuación, añada la mitad del queso cheddar y el queso crema sin leche hasta que se derrita, 4 minutos. Mezcle la crema de coco y sazone con sal, pimienta negra, pimienta blanca y nuez moscada en polvo.

10. Añadir la pasta, los champiñones y la mitad del perejil a la mezcla; combinar bien.

11. Vierta la mezcla en una fuente de horno y cubra la parte superior con el resto del queso cheddar. Hornee en el horno hasta que el queso se derrita y la comida burbujee, de 15 a 20 minutos.

12. Retirar del horno, dejar enfriar 2 minutos y decorar con el perejil.

13. Servir caliente.

Nutrición: Calorías:647, Grasas totales:56,5g, Grasas saturadas:32g, Carbohidratos totales:6g, Fibra dietética:1g, Azúcar:2g, Proteínas:30g, Sodio:609mg

31. Tempeh al pesto y parmesano con pasta verde

Tiempo de preparación: 1 hora 27 minutos

Tiempo de cocción: 1 hora y 20 minutos

Porción: 4

Ingredientes:

- 4 tempeh
- Sal y pimienta negra al gusto
- ½ taza de pesto de albahaca, a base de aceite de oliva
- 1 taza de queso parmesano rallado
- 1 cucharada de mantequilla
- 4 nabos grandes, C de cuchilla, recortados

Direcciones:

1. Precaliente el horno a 350 F.
2. Sazona el tempeh con sal y pimienta negra y colócalo en una bandeja de horno. Repartir el pesto por encima y extenderlo bien sobre el tempeh.
3. Coloque la lámina en el horno y hornee de 45 minutos a 1 hora o hasta que esté bien cocido.
4. Cuando esté listo, saca la bandeja de horno y reparte la mitad del queso parmesano sobre el tempeh. Sigue cocinando durante 10 minutos o hasta que el queso se derrita. Retirar el tempeh y reservar para servir.
5. Derrita la mantequilla en una sartén mediana y saltee los nabos hasta que estén tiernos, de 5 a 7 minutos. Incorporar el resto del queso parmesano y repartir en los platos.

6. Cubrir con el tempeh y servir caliente.

Nutrición: Calorías:442, Grasas totales:29,4g, Grasas saturadas:11,3g, Carbohidratos totales:8g, Fibra dietética:1g, Azúcar:1g, Proteínas:39g, Sodio:814mg

RECETAS DE APERITIVOS

32. Panecillos Keto de Tahini

Tiempo de preparación: 10 minutos

Tiempo de cocción: 40 minutos

Porciones: 4

Ingredientes:

- 1/2 taza de semillas de lino molidas
- 1/2 taza de tahini
- 1/4 de taza de cáscaras de psilio
- 1 taza de agua
- 1 cucharadita de polvo de hornear
- pizca de sal
- semillas de sésamo para decorar

Direcciones:

1. Deje que su horno se precaliente a 375 grados F.
2. Bata la cáscara de psilio con la levadura en polvo, las semillas de lino y la sal en un bol.
3. Mezclar el tahini con el agua en un bol aparte hasta que esté bien combinado.
4. Añadir la mezcla de cáscaras para formar una masa. Amasar bien sobre la superficie de trabajo.
5. Haga hamburguesas de 4 pulgadas de diámetro con un grosor de ¼ de pulgada.
6. Colocar las hamburguesas preparadas en la bandeja de horno y rociarlas con semillas de sésamo.

7. Hornee las hamburguesas durante 40 minutos en el horno fijo hasta que se doren.
8. Disfruta de la frescura.

Nutrición: Calorías: 79 Cal Grasas: 4,3 g Carbohidratos: 7,1 g Proteínas: 2,6 g

33. Nidos de calabacín

Tiempo de preparación: 10 minutos

Tiempo de cocción: 10 minutos

Porciones: 4

Ingredientes:

- 3 calabacines grandes, espiralizados
- 1 cucharadita de sal marina
- 1/4 de cucharadita de ajo en polvo
- 1/4 de cucharadita de cebolla en polvo
- 1/8 cucharadita de pimienta negra molida
- 4 huevos grandes
- Aceite de coco, para engrasar

Direcciones:

1. Pasa el calabacín por el cortador de espiral para hacer sus finos fideos.
2. Poner los fideos en un colador y espolvorear con sal por encima y dejarlos durante 20 minutos.
3. Deja que tu horno se precaliente a 400 grados y engrasa un molde para muffins con aceite de coco.
4. Exprime toda el agua de los fideos presionándolos firmemente.
5. Mezclar la pimienta negra, la cebolla en polvo y el ajo en polvo en un bol grande.
6. Añada los fideos de calabacín y mézclelos bien para cubrirlos.
7. Repartir los fideos en los moldes para magdalenas y hacer un nido en el centro de cada uno de ellos.

8. Rompa un huevo en el centro de cada nido.

9. Salpimentar por encima.

10. Hornear durante 10 minutos hasta que esté hecho.

11. Sírvelo fresco.

Nutrición: Calorías: 155 Cal Grasas: 2,1 g Carbohidratos: 5,9 g Proteínas: 12,6 g

34. Bibimbap bajo en carbohidratos

Tiempo de preparación: 10 minutos

Tiempo de cocción: 10 minutos

Porciones: 4

Ingredientes:

- 1 cucharada de salsa de soja
- 2 cucharadas de vinagre de arroz
- 7 oz de tempeh, cortado en cuadrados
- 1 pimiento rojo pequeño, en tiras
- 4-6 ramilletes de brócoli, en lanzas finas
- 1 zanahoria rallada 1/2 pepino en tiras
- 10 onzas de coliflor cruda, triturada
- 2 cucharadas de pasta de chile
- 2 cucharadas de vinagre de arroz
- 1 cucharada de salsa de soja
- 1 cucharadita de aceite de sésamo
- edulcorante líquido concentrado al gusto
- 2 cucharadas de semillas de sésamo

Direcciones:

1. Bate la salsa de soja con el vinagre en un bol y luego echa los cuadrados de tempeh.
2. Déjalo reposar durante 1 minuto y mientras tanto corta las verduras en dados. Calienta el aceite en una sartén y saltea el tempeh en ella durante 4 minutos a fuego medio.
3. Pasa el tempeh a un plato y añade el brócoli, las zanahorias y los pimientos. Tapa la sartén y cocina

durante 2 minutos. Saltea el arroz de coliflor en una sartén aparte hasta que esté blando.

4. Mezclar la salsa de soja con la pasta de chile, el aceite y el edulcorante en un bol pequeño.
5. Mezcla el arroz de coliflor con el tempeh, los pimientos, el brócoli, la zanahoria y el pepino en una ensaladera.
6. Incorpore la mezcla de pasta de chile y mezcle bien para cubrirla. Adornar con semillas de sésamo.
7. Disfruta de la frescura.

Nutrición: Calorías: 164 Cal Grasa: 10,3 g Carbohidratos: 4 g Proteínas: 1,4 g

35. Bombas de zanahoria con nueces

Tiempo de preparación: 10 minutos

Tiempo de cocción: 45 minutos

Porciones: 6

Ingredientes:

- 1/2 taza de nueces crudas
- 3 zanahorias medianas, peladas y ralladas
- 2 dientes de ajo picados
- Sal y pimienta, al gusto
- 1 cucharada de queso crema
- 1 cucharada de crema de leche
- 1/2 taza de queso parmesano rallado

Direcciones:

1. Deje que su horno se precaliente a 350 grados F y ponga una capa de aceite en un molde para muffins. Ralle las zanahorias moliéndolas en un procesador de alimentos a alta velocidad. Añade las nueces y vuelve a moler para hacer una mezcla desmenuzable.

2. Incorpore el queso, el queso crema, la nata, la sal, el ajo y la pimienta negra. Vuelva a batir hasta que la mezcla sea homogénea. Hacer bolitas del tamaño de una pelota de golf con esta mezcla.

3. Coloque cada bola en los moldes para muffins y hornéelos durante 45 minutos hasta que estén dorados.

4. Deje que se enfríe durante 5 minutos aproximadamente y sírvalo fresco.

Nutrición: Calorías: 118 Cal Grasas: 18,3 g Carbohidratos: 9 g Proteínas: 5,1 g

36. Ensalada de calabacín con nueces

Tiempo de preparación: 10 minutos

Tiempo de cocción: 3 minutos

Raciones: 2

Ingredientes:

- 1/4 de taza de piñones
- 2 cucharadas de mantequilla
- 1 calabacín grande, cortado en juliana
- Sal al gusto
- 2 cucharadas de queso parmesano rallado

Direcciones:

1. Añade y derrite la mantequilla en una sartén grande a fuego medio y luego echa los piñones.
2. Remover y cocinar durante 3 minutos hasta que se dore.
3. Añade los calabacines y saltéalos durante unos segundos, luego añade sal para ajustar la sazón.
4. Adorne con parmesano y sirva fresco.

Nutrición: Calorías: 102 Cal Grasas: 17,3 g Carbohidratos: 6,1 g Proteínas: 1,2 g

37. Paté de col rizada para untar

Tiempo de preparación: 10 minutos

Tiempo de cocción: 7 minutos

Porciones: 6

Ingredientes:

- 6 tazas de col verde picada
- 1 cucharada de aceite de oliva
- ½ taza de semillas de sésamo orgánicas crudas
- ½ taza de aceite de oliva virgen extra
- 8 cebollas verdes, sólo las partes verdes
- 3 cucharadas de vinagre de sidra de manzana
- 1 ¼ cucharadita de sal marina gris

Direcciones:

1. Mezcla la col rizada con una cucharada de aceite de oliva y cocínala tapada durante 7 minutos en una sartén a fuego lento.
2. Pasar la col rizada a un procesador de alimentos junto con todos los ingredientes restantes.
3. Pulse para hacer una mezcla suave y luego transfiérala a un tarro de cristal.
4. Refrigerar y guardar durante 4 días.
5. Sírvelo con galletas bajas en carbohidratos.

Nutrición: Calorías: 61 Cal Grasas: 21,2 g Carbohidratos: 6 g Proteínas: 4,1 g

RECETAS DE SOPA Y GUISO

38. Guiso de verduras de raíz

Tiempo de preparación: 10 minutos

Tiempo de cocción: 8 horas y 10 minutos

Porciones: 6

Ingredientes:

- 2 tazas de col rizada picada
- 1 cebolla blanca grande, pelada y picada
- 1 libra de chirivías, peladas y picadas
- 1 libra de patatas, peladas y picadas
- 2 costillas de apio picadas
- 1 libra de calabaza, pelada, sin semillas y picada
- 1 libra de zanahorias, peladas y picadas
- 3 cucharaditas de ajo picado
- 1 libra de boniatos, pelados y picados
- 1 hoja de laurel
- 1 cucharadita de pimienta negra molida
- 1/2 cucharadita de sal marina
- 1 cucharada de salvia picada
- 3 tazas de caldo de verduras

Direcciones:

1. Enciende la olla de cocción lenta, añade todos los ingredientes en ella, excepto la col rizada, y remueve hasta que se mezclen.

2. Cerrar la olla con una tapa y cocinar durante 8 horas a fuego lento hasta que esté cocido.
3. Cuando esté hecho, añadir la col rizada al guiso, remover hasta que se mezcle y cocinar durante 10 minutos hasta que las hojas se hayan marchitado.
4. Servir directamente.

Nutrición: Calorías: 120 Cal Grasa: 1 g Carbohidratos: 28 g Proteína: 4 g Fibra: 6 g

39. Estofado de champiñones Portobello

Tiempo de preparación: 10 minutos

Tiempo de cocción: 8 horas

Porciones: 4

Ingredientes:

- 8 tazas de caldo de verduras
- 1 taza de hongos silvestres secos
- 1 taza de garbanzos secos
- 3 tazas de patata picada
- 2 tazas de zanahorias picadas
- 1 taza de granos de maíz
- 2 tazas de cebollas blancas picadas
- 1 cucharada de perejil picado
- 3 tazas de calabacín picado
- 1 cucharada de romero picado
- 1 1/2 cucharadita de pimienta negra molida
- 1 cucharadita de salvia seca
- 2/3 cucharadita de sal
- 1 cucharadita de orégano seco
- 3 cucharadas de salsa de soja
- 1 1/2 cucharaditas de humo líquido
- 8 onzas de pasta de tomate

Direcciones:

1. Encienda la olla de cocción lenta, agregue todos los ingredientes en ella y revuelva hasta que se mezclen.
2. Cerrar la olla con una tapa y cocinar durante 10 horas a fuego alto hasta que esté cocido.

3. Servir directamente.

Nutrición: Calorías: 447 Cal Grasas: 36 g Carbohidratos: 24 g
Proteínas: 11 g Fibra: 2 g

40. Sopa de judías frescas

Tiempo de preparación: 5 minutos

Tiempo de cocción: 15 minutos

Porciones: 4

Ingredientes:

- 2 cucharadas de aceite de oliva
- 2 cebollas medianas, finamente picadas
- 2 tazas de agua
- 3 tazas de judías verdes frescas sin cáscara
- Sal y pimienta al gusto

Direcciones:

1. Calentar el aceite de oliva en una cacerola de fondo grueso a fuego medio. Cocinar las cebollas hasta que estén blandas y translúcidas, unos 3 minutos. Vierta el agua y las judías, y sazone al gusto con sal y pimienta. Suba el fuego a medio-alto, llévelo a ebullición, luego reduzca el fuego a bajo, tape y cocine a fuego lento hasta que los guisantes estén tiernos, de 12 a 18 minutos.
2. Hacer un puré con los guisantes en una batidora o procesador de alimentos por tandas. Sazone al gusto con sal y pimienta antes de servir.

Nutrición: Calorías 111, Grasas totales 7,2g, Grasas saturadas 1g, Colesterol 0mg, Sodio 8mg, Carbohidratos totales 10,4g, Fibra dietética 3g, Azúcares totales 4,4g, Proteínas 2,6g, Calcio 25mg, Hierro 1mg, Potasio 170mg, Fósforo 104mg

41. Sopa de macarrones

Tiempo de preparación: 15 minutos

Tiempo de cocción: 55 minutos

Porciones: 4

Ingredientes:

- 2 cucharadas de aceite de oliva
- 2 dientes de ajo grandes, picados
- 1 cebolla grande finamente picada
- 1 taza de agua
- 1/4 de cucharadita de condimento italiano 1 cucharada de perejil fresco picado
- 1/4 de cucharadita de ajo en polvo
- Pimienta negra al gusto
- 1 taza de macarrones

Direcciones:

1. Calentar el aceite de oliva en una olla a fuego medio-bajo. Añada el ajo picado y la cebolla; cocine y remueva hasta que estén blandos, unos 5 minutos. Suba el fuego a medio y añada el agua, el condimento italiano, el perejil, el ajo en polvo y la pimienta. Lleve a cabo una cocción a fuego lento. Cocer durante 40 minutos con la tapa ligeramente entreabierta.
2. Incorporar los macarrones a la sopa; cocinar a fuego fuerte hasta que los macarrones estén tiernos, unos 12 minutos.

Nutrición: Calorías 116, Grasas totales 5,1g, Grasas saturadas 0,7g, Colesterol 0mg, Sodio 4mg, Carbohidratos totales 14,7g, Fibra dietética 1,7g, Azúcares totales 1,9g, Proteínas 3,2g, Calcio 13mg, Hierro 1mg, Potasio 100mg, Fósforo 105 mg

42. Sopa de zanahoria, coliflor y col

Tiempo de preparación: 30 minutos

Tiempo de cocción: 20 minutos

Porciones: 4

Ingredientes:

- 4 zanahorias grandes, cortadas en rodajas finas
- 1 taza de coliflor, cortada en rodajas finas
- 1 cebolla grande, cortada en rodajas finas
- 1/4 de cabeza de col verde mediana, cortada en rodajas finas
- 2 dientes de ajo machacados
- 6 tazas de agua
- 1 cucharada de aceite de oliva
- 1/4 de cucharadita de tomillo seco
- 1/4 de cucharadita de albahaca seca
- 1 cucharadita de perejil seco
- 1/8 cucharadita de sal
- Pimienta negra molida al gusto

Direcciones:

1. Combinar las zanahorias, la coliflor, la cebolla, la col, el ajo, el agua, el aceite de oliva, el tomillo, la albahaca, el perejil, la sal y la pimienta en una olla a fuego medio-alto; llevar a ebullición y cocinar hasta que las zanahorias estén tiernas durante unos 20 minutos. Pasar a una batidora en pequeñas tandas y batir hasta que esté suave.

Nutrición: Calorías 57, Grasas totales 2,4g, Grasas saturadas 0,3g, Colesterol 0mg, Sodio 98mg, Carbohidratos totales 8,5g, Fibra dietética 2,3g, Azúcares totales 4g, Proteínas 1,1g, Calcio 37mg, Hierro 0mg, Potasio 249mg, Fósforo 150 mg

RECETAS DE ENSALADA

43. Ensalada César

Tiempo de preparación: 10 minutos

Tiempo de cocción: 0 minutos

Raciones:1

Ingredientes

Para la ensalada César

- 2 tazas de lechuga romana picada
- 2 cucharadas de aderezo César
- 1 porción de picatostes con hierbas o picatostes comprados en la tienda
- Queso vegano rallado (opcional)
- Hazlo una comida
- ½ taza de pasta cocida
- ½ taza de garbanzos enlatados, escurridos y enjuagados
- 2 cucharadas adicionales de aderezo César

Direcciones

1. Para hacer la ensalada César. En un tazón grande, mezcle la lechuga, el aderezo, los crutones y el queso (si lo usa).
2. Para convertirlo en una comida. Añade la pasta, los garbanzos y el aderezo adicional. Mezcle para cubrir.

Nutrición: (en una comida) Calorías: 415; Proteínas: 19g; Grasas totales: 8g; Grasas saturadas: 1g; Carbohidratos: 72g; Fibra: 13g

44. Ensalada de patata clásica

Tiempo de preparación: 10 minutos

Tiempo de cocción: 15 minutos

Raciones:4

Ingredientes

- 6 patatas, lavadas o peladas y troceadas
- Pizca de sal
- ½ taza de aderezo de tahini cremoso o mayonesa vegana
- 1 cucharadita de eneldo seco (opcional)
- 1 cucharadita de mostaza de Dijon (opcional)
- 4 tallos de apio picados
- 2 cebolletas, sólo las partes blancas y verde claro, picadas

Direcciones

1. Poner las patatas en una olla grande, añadir la sal y verter suficiente agua para cubrirlas. Llevar el agua a ebullición a fuego alto. Cocer las patatas de 15 a 20 minutos, hasta que estén blandas. Escurrirlas y dejarlas enfriar. (También puede poner las patatas en un plato grande apto para microondas con un poco de agua. Tapar y calentar a alta potencia durante 10 minutos).

2. En un tazón grande, bata el aderezo, el eneldo (si lo usa) y la mostaza (si la usa). Mezcle el apio y las cebolletas con el aderezo. Añada las patatas cocidas y enfriadas y mézclelas. Guarde las sobras en un recipiente hermético en el refrigerador hasta por 1 semana.

Nutrición: Calorías: 269; Proteínas: 6g; Grasas totales: 5g; Grasas saturadas: 1g; Carbohidratos: 51g; Fibra: 6g

45. Ensalada mediterránea de orzo y garbanzos

Tiempo de preparación: 15 minutos

Tiempo de cocción: 8 minutos

Raciones:4

Ingredientes

- ¼ de taza de aceite de oliva
- 2 cucharadas de zumo de limón recién exprimido
- Pizca de sal
- 1½ tazas de garbanzos enlatados, escurridos y enjuagados
- 2 tazas de orzo u otra forma de pasta pequeña, cocida según las instrucciones del paquete, escurrida y enjuagada con agua fría para que se enfríe
- 2 tazas de espinacas crudas, finamente picadas
- 1 taza de pepino picado
- ¼ de cebolla roja, finamente picada

Direcciones

1. En un bol grande, bata el aceite de oliva, el zumo de limón y la sal. Añade los garbanzos y el orzo cocido, y remueve para cubrirlos.
2. Incorporar las espinacas, el pepino y la cebolla roja. Guarde las sobras en un recipiente hermético en la nevera hasta 5 días.

Nutrición: Calorías: 233; Proteínas: 6g; Grasas totales: 15g; Grasas saturadas: 2g; Carbohidratos: 20g; Fibra: 5g

46. Ensalada de anacardos Siam

Tiempo de preparación: 10 minutos

Tiempo de cocción: 3 minutos

Porciones: 4

Ingredientes:

Ensalada:

- 4 tazas de espinacas baby, enjuagadas y escurridas
- ½ taza de col roja encurtida

Vestirse:

- Un trozo de jengibre de 2,5 cm, picado finamente
- 1 cucharadita de pasta de ajo y chile
- 1 cucharada de salsa de soja
- ½ cucharada de vinagre de arroz
- 1 cucharada de aceite de sésamo
- 3 cucharadas de aceite de aguacate

Coberturas:

- ½ taza de anacardos crudos, sin sal
- ¼ de taza de cilantro fresco, picado

Direcciones:

1. Poner las espinacas y la lombarda en un bol grande. Mezclar para combinar y dejar la ensalada a un lado.
2. Tostar los anacardos en una sartén a fuego medio-alto, removiendo de vez en cuando hasta que se doren. Esto debería llevar unos 3 minutos. Apagar el fuego y apartar la sartén.

3. Mezclar todos los ingredientes del aliño en un bol mediano y utilizar una cuchara para mezclarlos hasta conseguir un aliño suave.
4. Vierta el aderezo sobre la ensalada de espinacas y cubra con los anacardos tostados.
5. Mezcle la ensalada para combinar todos los ingredientes y transfiera el bol grande a la nevera. Deje que la ensalada se enfríe durante un máximo de una hora, lo que garantizará un mejor sabor. Como alternativa, la ensalada se puede servir de inmediato, cubierta con el cilantro opcional. Que aproveche!

Nutrición: Calorías 160 Grasas totales 12,9g Grasas saturadas 2,4g Colesterol 0mg Sodio 265mg Carbohidratos totales 9,1g Fibra dietética 2,1g Azúcares totales 1,4g Proteínas 4,1g Vitamina D 0mcg Calcio 45mg Hierro 2mg Potasio 344mg

47. Ensalada de pepino y edamame

Tiempo de preparación: 5 minutos

Tiempo de cocción: 8 minutos

Raciones: 2

Ingredientes:

- 3 cucharadas de aceite de aguacate
- 1 taza de pepino, cortado en rodajas finas
- ½ taza de guisantes frescos, en rodajas o enteros
- ½ taza de edamame fresco
- ¼ de taza de rábano, en rodajas
- 1 aguacate Hass grande, pelado, sin hueso, en rodajas
- 1 hoja de nori, desmenuzada
- 2 cucharaditas de semillas de sésamo tostadas
- 1 cucharadita de sal

Direcciones:

1. Poner a hervir a fuego medio-alto una olla mediana llena de agua hasta la mitad.
2. Añada los brotes de azúcar y cocínelos durante unos 2 minutos.
3. Retirar la olla del fuego, escurrir el exceso de agua, transferir los brotes de azúcar a un bol mediano y reservar por ahora.
4. Llenar la olla con agua de nuevo, añadir la cucharadita de sal y llevar a ebullición a fuego medio-alto.
5. Añade el edamame a la olla y deja que se cocine durante unos 6 minutos.

6. Retirar la olla del fuego, escurrir el exceso de agua, transferir los granos de soja al bol con los broches de azúcar y dejar que se enfríen durante unos 5 minutos.

7. Combine todos los ingredientes, excepto las migas de nori y las semillas de sésamo tostadas, en un bol mediano.

8. Remover con cuidado, usando una cuchara, hasta que todos los ingredientes estén uniformemente cubiertos de aceite.

9. Cubra la ensalada con las migas de nori y las semillas de sésamo tostadas.

10. Transfiera el bol a la nevera y deje que la ensalada se enfríe durante al menos 30 minutos.

11. Sírvelo frío y disfrútalo.

Nutrición: Calorías 182 Grasas totales 10,9g Grasas saturadas 1,3g Colesterol 0mg Sodio 1182mg Carbohidratos totales 14,2g Fibra dietética 5,4g Azúcares totales 1,9g Proteínas 10,7g Vitamina D 0mcg, Calcio 181mg Hierro 4mg Potasio 619mg

RECETAS DE POSTRES

48. Tarta de queso de menta

Tiempo de preparación: 30 minutos

Tiempo de cocción: 0 minutos

Tiempo de cocción: unas 4 horas

Porción: 12 rebanadas

Ingredientes

La corteza:

- 2 tazas de semillas de girasol o harina de almendras
- 1/3 de taza de cacao en polvo sin azúcar
- 4 cucharadas de mantequilla ablandada
- ¼ de cucharadita de sal
- ¼ de taza de edulcorante Swerve

Relleno:

- 16 onzas de queso crema, a temperatura ambiente
- 1 cucharadita de stevia líquida de menta
- 1 cucharadita de extracto de menta
- ¼ de cucharadita de sal
- 1 taza de crema de leche

La cobertura:

- ½ taza de crema de leche
- ½ cucharadita de stevia líquida de menta
- ¼ de cucharadita de extracto de menta

Direcciones

La corteza:

1. En el tazón de un procesador de alimentos, agregue todos los ingredientes para la corteza y procese hasta que la mezcla tenga una consistencia de migas finas.
2. Vierta las migas en un molde para tartas de 9 pulgadas. Presiona firmemente las migas en el fondo y en los lados del molde.

Relleno:

1. Coloque un bol de cristal grande y las cuchillas de una batidora manual en el congelador durante 5 minutos.
2. Mientras tanto, añada todos los ingredientes del relleno, excepto la nata espesa, en una batidora de pie y bata a velocidad alta hasta que esté suave. Pruebe y añada más stevia si es necesario.
3. Saque el bol del congelador. Vierta la crema espesa en el bol frío.
4. Montar la nata a velocidad media-baja hasta que espese ligeramente, aproximadamente 1 minuto.
5. Aumente la velocidad a alta y bata hasta que se formen picos duros, de 1 a 2 minutos. La nata se monta rápidamente y, si se monta en exceso, se cuaja y pierde su textura sedosa.
6. Incorporar esta nata montada al relleno de queso crema.
7. Colocar el relleno con una cuchara en la corteza de la tarta.

La cobertura:

1. Añade la nata espesa, la stevia líquida de menta y el extracto de menta en la batidora. Bata a velocidad alta hasta que se bata. Extienda por encima de la tarta de queso.
2. Refrigerar la tarta durante 3-4 horas o toda la noche.
3. Cortar y servir.

Nutrición: Por porción (1 rebanada) Calorías: 344 Grasas totales: 33,4g | Carbohidratos: 5,1g Fibra: 1,7g Proteínas: 5,3g

49. Cuajada de limón

Tiempo de preparación: 5 minutos

Tiempo de cocción: 5-7 minutos

Tiempo de cocción: unas 2 horas

Rendimiento: 8 raciones

Ingredientes

- 2 huevos + 2 yemas
- ½ taza de zumo de limón
- 2 cucharaditas de ralladura de limón
- ½ taza de edulcorante granulado de fruta de Monk (o el edulcorante granulado que prefiera)
- 1/8 cucharadita de sal
- 6 cucharadas de mantequilla, fría y cortada en cubos

Direcciones

1. En un tazón pequeño, bata los huevos y las yemas de huevo y déjelos aparte.
2. En una cacerola pesada a fuego lento, bata el edulcorante, la sal, la ralladura de limón y el zumo de limón hasta que se mezclen.
3. Bata constantemente los huevos y cocine a fuego bajo-medio durante 5-7 minutos hasta que la mezcla espese. También puede utilizar un termómetro de caramelo para medir la temperatura, que debe estar entre 170 y 175 °F. (Recuerde batir sin parar; de lo contrario, los huevos pueden revolverse rápidamente).

4. Retirar del fuego e incorporar la mantequilla hasta que se haya derretido toda y la cuajada esté suave.

5. Coloca un colador de malla sobre un bol y pasa la cuajada por él. Esto hace que la cuajada quede suave como la seda.

6. Pasar la cuajada de limón a un recipiente hermético. Coloque un trozo de papel de plástico directamente sobre la superficie de la cuajada (esto evita que se forme una piel) y deje que se enfríe.

7. Pasar a la nevera hasta que se enfríe, al menos 2 horas.

8. Sirve y disfruta.

9. La cuajada de limón se puede conservar en el frigorífico hasta 1 semana.

Nutrición: Por ración (2 cucharadas de lemon curd) Calorías: 78 Grasas totales: 7g Hidratos de carbono: 0,6g Fibra: 0,1g Proteínas: 1,8g

50. Dulce de chocolate con nueces

Tiempo de preparación: 10 minutos

Tiempo de cocción: 15 minutos + Tiempo de enfriamiento: 1 hora

Porción: 12 rebanadas

Ingredientes

- 1 taza de nata para montar
- 2 cucharadas de mantequilla
- 1/3 de taza de eritritol
- 1 cucharadita de extracto de vainilla
- 1 taza de chispas de chocolate bajas en carbohidratos
- ¼ de taza de nueces picadas

Direcciones

1. Poner una sartén mediana a fuego medio y añadir la nata para montar, el eritritol, la mantequilla y el extracto de vainilla.
2. Cocine, revolviendo a menudo, unos 15 minutos, hasta que se forme una leche condensada azucarada ligeramente dorada y espesa.
3. Retirar del fuego y dejar enfriar durante 15 minutos.
4. Añade las pepitas de chocolate y remueve hasta que se derritan.
5. Vierta la mezcla en un molde para pan forrado con pergamino. Espolvorear las nueces de manera uniforme en la parte superior.
6. Refrigerar durante al menos 1 hora.
7. Cortar en 12 rebanadas y servir.

Nutrición: Por ración (1 pieza) Calorías: 154,7 Grasas totales: 15,05g Hidratos de carbono: 12,92g Fibra: 2,6g Proteínas: 1,87g

51. Muffins de chocolate

Tiempo de preparación: 5 minutos

Tiempo de cocción: 25 minutos

Rendimiento: 12 panecillos

Ingredientes

- 2½ tazas de harina de almendra blanqueada y finamente molida
- ½ taza de eritritol
- 1½ cucharaditas de polvo de hornear
- ¼ de cucharadita de sal marina finamente molida
- 1/3 de taza de leche (no láctea o normal)
- 3 huevos grandes
- 1/3 de taza de aceite de coco derretido
- ½ cucharadita de extracto de vainilla
- ½ taza de chispas de chocolate endulzado con stevia, divididas

Direcciones

1. Precalienta el horno a 350°F y forra un molde para muffins de 12 unidades con forros.
2. En un bol grande, combinar la harina de almendras, el eritritol, la levadura en polvo y la sal; mezclar bien.
3. En un recipiente aparte, bata los huevos, el aceite de coco derretido, la leche y la vainilla hasta que se combinen. Una vez combinados, pásalos a la mezcla de harina y remueve hasta que se incorporen.
4. Incorpore suavemente la mayor parte de las chispas de chocolate a la masa, dejando un puñado para después.

5. Dividir la masa entre las 12 magdalenas.

6. Cubra cada muffin con un par de chispas de chocolate antes de transferir el molde para muffins al horno precalentado. Hornea a 350°F durante 20-25 minutos o hasta que un palillo salga limpio.

7. Cuando esté hecho, saca el molde del horno y retira con cuidado las magdalenas del molde.

8. Dejar enfriar hasta que apenas esté caliente.

9. Que lo disfrutes.

Nutrición: Por ración (1 magdalena) Calorías: 179 Grasas totales: 14g Hidratos de carbono: 6,5g Fibra: 3g Proteínas: 6,2g Azúcares: 0,2g

52. **Bombas de grasa con nueces y moras**

Tiempo de preparación: 10 minutos

Tiempo de cocción: 7 minutos

Tiempo de congelación: de 30 minutos a 1 hora

Servir: 12

Ingredientes

- 4 oz. de queso Neufchatel (crema de queso)
- 1 taza de aceite de coco
- 2 oz. de nueces de macadamia, trituradas
- 1 taza de moras
- 1 taza de mantequilla de coco
- 3 cucharadas de queso mascarpone
- stevia al gusto
- ½ cucharadita de extracto de vainilla
- ½ cucharadita de zumo de limón

Direcciones

1. Triturar las nueces de macadamia y presionar en el fondo de un molde o fuente de horno.
2. Hornear a 325°F de 5 a 7 minutos o hasta que se dore.
3. Retíralo del horno y deja que se enfríe un poco.
4. Extiende una capa de queso crema ablandado sobre la corteza de nueces.
5. Mezclar en un bol el aceite de coco, las moras, el zumo de limón, la vainilla, el queso mascarpone, la mantequilla de coco y el edulcorante (opcional) hasta que quede una mezcla homogénea.

6. Vierta la mezcla sobre la capa de queso crema y congele de 30 a 60 minutos.
7. Retirar y guardar en la nevera.

Nutrición: Por ración (1 bomba de grasa) Calorías: 392 Grasas totales: 50g Hidratos de carbono: 2g Fibra: 1g Proteínas: 4g

CONCLUSIÓN

Una dieta ceto vegetariana tiene varias ventajas para la salud. Entre ellas, no sólo la pérdida de peso, sino también una mejor salud, un menor riesgo de cáncer y enfermedades cardíacas y un aumento de los niveles de energía. La pérdida de peso se debe a la reducción de los productos animales y al aumento del consumo de verduras y frutas. Las verduras aportan más vitaminas A, C y E; los cereales integrales, como la quinoa, ofrecen fibra; y las frutas proporcionan antioxidantes que se encuentran en altos niveles en los aguacates, que también forman parte de la dieta vegana.

Los beneficios de hacerse vegetariano Los mayores aspectos positivos de pasarse a una dieta vegetariana son su salud. Mientras que seguir la dieta ceto vegetariana puede ayudarte a perder peso rápidamente, también te protegerá de las enfermedades y ralentizará el proceso de envejecimiento.

Si no estás seguro de hacerte vegetariano, céntrate primero en hacerte vegano. Esto significa no comer nunca carne ni productos lácteos. Para empezar, elige alimentos integrales, como frutos secos y semillas de alta calidad, frutas y verduras, en lugar de productos alimenticios procesados como panes y pastas envasados.

El siguiente paso es suprimir cualquier alimento que contenga leche o queso, así como los huevos si los comes (aunque puedes seguir disfrutando de algunos de estos alimentos si no contienen lácteos). Si no estás seguro de algún alimento, lee las etiquetas y consulta a tu médico.

Cuando lleves un tiempo siendo vegetariano, cambia tu enfoque a una dieta ceto vegetariana. Esto significa comer sólo alimentos de origen vegetal: las proteínas como la soja, el seitán, las setas y el tempeh proceden de los vegetales; los aceites como el de oliva y el de coco proceden de los frutos secos; la fruta contiene fibra (que todo el mundo necesita); y todos los carbohidratos -incluso los vegetales ricos en fibra- deben proceder de frutas y verduras.

La proteína que consumes va a ser una parte crítica de tu dieta ceto vegetariana. Esto se debe a que todos los alimentos vegetales proporcionan un aminoácido llamado triptófano. El triptófano sólo se puede convertir en otra forma de proteína -llamada proteínas estructurales- en tu cuerpo, y estas moléculas de proteína son las que forman el tejido muscular.

Hay dos fuentes principales para este tipo de proteínas: los productos animales y las legumbres (frijoles). También hay suplementos en polvo disponibles para los vegetarianos que contienen proteínas de soja, trigo o guisantes, así como diversos nutrientes, como las vitaminas B12 y B6.

Si comes aceites, puedes mantener tu dieta ceto vegetariana saludable.

Son susceptibles de oxidarse porque son líquidos a temperatura ambiente. Cuando esto sucede, los aceites pueden volverse dañinos y desencadenar una inflamación en todo el cuerpo.

Para evitar este problema, utilice aceites prensados en frío que no contengan productos químicos. El prensado en frío extrae el aceite de las semillas sin calentarlas. El producto final es un aceite más denso desde el punto de vista nutricional, con menos grasas poliinsaturadas y más grasas saturadas que la mayoría de los aceites vegetales comerciales, como el de soja o el de maíz.

La vitamina E, que ayuda al organismo a combatir los radicales libres y los contaminantes ambientales, abunda en los aceites prensados en frío, al igual que los ácidos grasos omega-3 (tanto los omega-3 como los omega-6), que contribuyen a la reparación de todas las células del organismo.

También debes comer muchas verduras mientras sigues una dieta ceto vegetariana. Las verduras contienen nutrientes importantes de los que es difícil obtener lo suficiente comiendo sólo frutas y granos. También tienen un alto contenido en fibra, que es beneficiosa para tu sistema digestivo y tu salud en general.

Lightning Source UK Ltd.
Milton Keynes UK
UKHW020739060821
388337UK00002B/326

9 781006 692635